Patrick Modiano

Unsere Anfänge im Leben

Theaterstück

Aus dem Französischen
von Elisabeth Edl

Carl Hanser Verlag

Die französische Originalausgabe erschien
2017 unter dem Titel *Nos débuts dans la vie*
bei Gallimard in Paris.

1. Auflage 2018

ISBN 978-3-446-26011-5

Umschlag: Peter-Andreas Hassiepen, München
Motiv: © duncan1890/Getty Images
Satz im Verlag
Druck und Bindung: CPI books GmbH, Leck
Printed in Germany

FSC
www.fsc.org
MIX
Papier aus verantwortungsvollen Quellen
FSC® C083411

DOMINIQUE	20 Jahre alt
JEAN	20 Jahre alt
ELVIRE	um die fünfzig, seine Mutter
CAVEUX	um die fünfzig
ROBERT LE TAPIA	75 Jahre alt, der Bühnenmeister

Halbdunkel. Jean als Silhouette, von hinten. Er steht reglos da.

JEAN

Ich will die Jahre nicht zählen ... Mir scheint, alles ist immer noch so lebendig ... Es gehört nicht in die Vergangenheit ... Aber wenn ich zurückdenke, überkommt mich jäh ein Gefühl der Leere ... Niemand mehr, mit dem man darüber reden kann ... Außerdem hätte ich nur mit dir darüber reden wollen ... Ich fürchte, manche Details habe ich vergessen ... Hinter dem kleinen Raum, wo der Bühnenmeister des Theaters saß ...

Lauter, als spräche er zu jemandem:

Er hieß doch Bob Le Tapia? *(Pause.)* Du kannst mir nicht antworten ... Er trug immer einen schwarzen Kordanzug ... Hinter diesem kleinen Raum stieg man eine Treppe hinauf, zum Flur mit den Garderoben … Deine Garderobe war auf der rechten Seite … Aber ich weiß nicht mehr, ob es die erste Tür war oder die zweite … Die erste Tür oder die zweite? Du allein hättest es mir sagen können …

Allmählich wird es hell. In einer Ecke der Bühne eine Theatergarderobe, die man im Querschnitt sieht. Ein junger Mann sitzt auf einem sehr niedrigen Kanapee, dicht an der Wand. Auf der Seite mit Spiegel und Schminktisch ein Lautsprecher, über den man die im Saal ablaufende Probe verfolgen kann. Aufgeführt wird Die Möwe *von Tschechow. Man hört die Stimme von Dominique, sie spielt die Rolle der Nina.*

NINA

Mein Vater und seine Frau lassen mich nicht hierher … Sie sagen, hier sei die Boheme zu Hause … Sie haben Angst, ich könnte Schauspielerin werden.

TREPLJOW

Wir sind allein.

NINA

Mir scheint, dort drüben …

TREPLJOW

Niemand.

STIMME DES REGISSEURS SAVELSBERG

Und jetzt küsst ihr euch.

NINA

Was ist das für ein Baum?

TREPLJOW

Eine Ulme.

NINA

Warum ist es so dunkel?

STIMME DES REGISSEURS SAVELSBERG

Nein. »Warum IST ER so dunkel …«

TREPLJOW

Es ist Abend, da werden alle Dinge dunkel. Fahren Sie nicht so früh, ich bitte Sie.

NINA

Es ist unmöglich.

TREPLJOW

Und wenn ich zu Ihnen komme, Nina? Ich will die ganze Nacht im Garten stehen und nach Ihrem Fenster schauen.

NINA

Es ist unmöglich, der Wächter wird Sie bemerken. Und Trésor ist noch nicht an Sie gewöhnt …

TREPLJOW

Ich liebe Sie.

STIMME DES REGISSEURS SAVELSBERG

Dominique, du überspringst da einen Halbsatz: »… Und Trésor ist noch nicht an Sie gewöhnt, *er wird bellen.*«
Schluss … Das ist alles sehr gut so, Kinder … Wir machen eine Pause …

Nach einer Weile tritt Dominique in die Garderobe. Sie lässt sich auf den Stuhl vor dem Schminktisch fallen, als wäre sie erschöpft.

DOMINIQUE
Ich schaffe das nie …

JEAN
Doch, natürlich … du wirst es schaffen …

DOMINIQUE
Ich habe das Gefühl, Savelsberg ist unzufrieden mit mir …

JEAN
Du täuschst dich … Ich habe mir die Probe angehört … Er ist bloß sehr pingelig … Er will, dass die Schauspieler ihr Bestes geben …

Sie dreht sich zu Jean.

DOMINIQUE
Glaubst du wirklich?

JEAN
Sag dir, es ist immer noch besser, die Anweisungen Savelsbergs zu befolgen als die von Caveux …

Neben ihm auf dem Diwan eine Schulmappe, an ihrem Griff ist mit einer Kette ein Armreif befestigt, wie eine Handschelle. Er zeigt sie Dominique.

Siehst du? … Darin verwahre ich mein Manuskript … Wenn ich unterwegs bin, trage ich die Mappe immer mit mir herum und befestige sie am Handgelenk … Ich habe viel zu große Angst, dass Caveux in meiner Abwesenheit das Manuskript findet … wie letzte Woche … Er ist imstande und zerreißt es …

DOMINIQUE
Warum ist er so streng mit dir?

JEAN
Das habe ich mich auch oft gefragt.

DOMINIQUE
Hast du mit deiner Mutter gesprochen?

JEAN
Sie gibt ihm immer recht. Zehn Jahre leben sie schon zusammen … *(Nachdenklich.)* Ein komisches Paar …

DOMINIQUE

Vorhin, vor der Probe, bin ich deiner Mutter auf der Straße begegnet ... Sie hat mich böse angeschaut ... In der Hand hielt sie einen Regenschirm ... Ich hatte Angst, sie könnte ihn mir mitten ins Gesicht schlagen ...

JEAN

Wir begegnen ihr jetzt vielleicht öfter ... Pech, es gibt mehr als fünfzig Theater in Paris, und sie spielt ausgerechnet im Theater nebenan ... Zwei Theater, die so nah beieinanderliegen und so verschieden sind ... Der beste Beweis: du spielst *Die Möwe* von Tschechow und sie *Schönes Wochenende, Gonzales* ... und das nimmt sie dir übel ...

DOMINIQUE

Aber das ist ungerecht ...

JEAN

Trotzdem, Theater ist Theater ... Die Stücke, die man spielt, unterscheiden sich vielleicht, aber es sind immer die gleichen Kulissen, die gleichen Garderoben, der gleiche alte, rote Samt und die gleiche Angst kurz vor dem Auftritt ... Jemand hat mir erzählt, es gibt einen Geheimgang zwischen deinem Theater und dem anderen ... Ich hoffe, meine Mutter kennt ihn nicht ... sonst könnte es leicht passieren, dass sie eines Abends in deiner Garderobe auftaucht, und dann verprügelt sie dich mit dem Regenschirm ...

DOMINIQUE

Und Caveux holt dich hier raus und liest dir die Leviten ...

JEAN

Ich habe Vorsichtsmaßnahmen getroffen ...

Er zieht die Schulmappe heran und legt sich den Armreif der Handschelle ums Gelenk. Der Reif schließt sich mit metallischem Klick. Er streckt den Arm aus, und die Schulmappe hängt an seinem Handgelenk.

Ich sehe Caveux furchtlos entgegen ... Beim letzten Mal hat er mir eine Fangfrage gestellt, er wollte herauskriegen, wie viele Seiten ich geschrieben hatte ... Er hat die Schultern gezuckt ... Seine Wangen waren hohler als sonst, während er an seiner Zigarettenspitze zog. Ich weiß im voraus, sagte er, dass dieses Manuskript schlecht ist, man hat in deinem Alter nämlich keine Ahnung vom Handwerk … und das Schreiben ist eine Frage des Handwerks, wie das klassische Ballett.

DOMINIQUE

Mein armer Jean … Und du musst dir das anhören?

Sie steht auf und setzt sich neben Jean auf das Kanapee. Sie nimmt die herabhängende Schulmappe und legt sie Jean in den Schoß.

Vorhin, während der Probe, musste ich an etwas denken … Die Figuren der *Möwe* haben Gemeinsamkeiten mit uns … Im Stück ist die Mutter Schauspielerin, und der Sohn will Schriftsteller werden … wie deine Mutter und du … Und Caveux, der Freund deiner Mutter, ist ebenfalls Schriftsteller, wie Trigorin, der Freund der Schauspielerin …

JEAN

Caveux ist kein Schriftsteller … gerade mal Journalist …

DOMINIQUE

Und Nina, deren Rolle ich verkörpere, ist Schauspielerin … wie ich …

JEAN

Ich verstehe, was du meinst … Aber das wäre schon eine ziemlich blasse und schäbige Version der *Möwe*.

DOMINIQUE

Warum blass und schäbig?

JEAN

Ich rede nicht von dir. Ich habe dir vorhin zugehört, während der Probe: du bist die Figur der Nina … Das ist eine Frage der Stimme, der Intonationen … Du hast die Stimme der Figur … Was meine Mutter angeht, sie ist das Gegenteil der Schauspielerin in Tschechows Stück … Und Caveux hat nicht die kleinste Ähnlichkeit mit dem Schriftsteller Trigorin …

DOMINIQUE

Und wir beide? Wir sind wie die Figuren in der *Möwe*, oder?

JEAN

Du, ja … aber ich … mit dieser alten Mappe und dieser Handschelle ums Gelenk … Wenn ich durch die Straßen gehe, schauen mich die Leute komisch an … Und außerdem will ich mich nicht umbringen, wie der junge Mann in der *Möwe*. Ich setze auf die Zukunft.

DOMINIQUE

Ich auch.

JEAN

Irgendwann muss ich keine Handschelle mehr ums Gelenk tragen und mein Manuskript schützen. Und dir drohen von meiner Mutter keine Schläge mehr mit dem Regenschirm, weil du Tschechow spielst …

DOMINIQUE

Mach dir meinetwegen keine Sorgen. Ich habe Schlimmeres erlebt … ich bin ein Mädchen vom Land …

JEAN

Sowas kommt doch häufig vor im Leben … Man lässt das Fenster offen … und Kakerlaken nutzen das, kriechen ins Zimmer … dicke Brummer … Küchenschaben … Unglücksvögel … Sie schwirren um einen herum … Man darf sich nicht rühren, keinen Arm heben. Vor allem nicht die kleinste Bewegung machen, die ihre Aufmerksamkeit wecken könnte … Früher oder später verschwinden sie schon aus dem Zimmer …

DOMINIQUE

Ich habe keine Angst vor Brummern oder Küchenschaben. Ich sag dir ja, ich bin ein Mädchen vom Land …

JEAN

Trotzdem warne ich dich lieber … Caveux könnte in deine Garderobe kommen … von mir reden … verlangen, dass du mich nicht mehr siehst … Er glaubt, du hast einen sehr schlechten Einfluss auf mich und Frauen sind schädliche Wesen … Ich weiß nicht, warum er sich so hartnäckig in mein Leben einmischen will … Mit welchem Recht? Wenn er wenigstens mein Vater wäre …

DOMINIQUE

Ja … Er ist nicht mal dein Vater …

JEAN

Auf jeden Fall, nimm dich in acht: er kann sehr aggressiv sein …

DOMINIQUE

Ich hab vor keinem Angst …

JEAN

Erinnerst du dich an den Tag, als wir ihn am Carrefour de l'Odéon getroffen haben und er gerade aus seiner Turnstunde kam? Er hat kaum mit uns gesprochen.

DOMINIQUE

Er ist meinem Blick ausgewichen, wie aus Angst, ich könnte ihm eine Geschlechtskrankheit anhängen. Er machte einen komischen Eindruck. Irgendein aus der Kutte gesprungener Pfarrer … oder ein Totengräber … Und wozu die Turnstunden?

JEAN

Ich weiß nicht … Das ist ein großer Turnsaal am Boulevard Saint-Germain … Er wollte mich mitschleppen und war ganz enttäuscht, als ich mich höflich geweigert habe, bei ihren Spielchen mitzutun … Sie machen Muskeltraining, Übungen am Pferd, an der Reckstange, Klimmzüge … Wenn du sehen könntest, wie sie stundenlang rumzappeln, ohne dass einer begreift, wozu das gut sein soll … Es wird einem ganz schwindlig dabei. All diese Männer auf einem Haufen …

DOMINIQUE
Und deine Mutter? Was hält sie davon?

JEAN
Nichts. Die haben ein sehr merkwürdiges Verhältnis, sie und Caveux … Nach allem, was ich verstanden habe, leben sie ein wenig wie Bruder und Schwester.

DOMINIQUE *(ohne zu verstehen)*
Wie Bruder und Schwester?

JEAN
Einmal habe ich gesehen, wie sie auf der Straße nebeneinander hergingen … Alle beide im gleichen Schritt, mit der gleichen Steifheit. Man hätte sie für Regimentskameraden halten können. Oder für zwei Bergsteiger aus derselben Seilschaft.

DOMINIQUE

Du hast wirklich eine komische Familie …

JEAN

Du meinst, man kann sowas eine Familie nennen?

DOMINIQUE

Ich habe zu meiner die Brücken abgebrochen, vor drei Jahren, als ich nach Paris kam, Gare Montparnasse … *(Pause.)* Ich wollte dich um etwas bitten … Kannst du mit mir das Ende einer Szene einstudieren? Ich muss sie morgen nachmittag Savelsberg vorspielen …

Sie nimmt das Textheft vom Schminktisch und setzt sich wieder neben Jean aufs Kanapee. Sie blättert im Textheft, sucht die Szene. Sie sitzen eng aneinandergeschmiegt, die Schulmappe ist noch immer mit der Handschelle an Jeans Gelenk befestigt.

Das Ende der Szene mit Nina und dem Schriftsteller Trigorin.

Dominique blättert weiter im Textheft, das aufgeschlagen auf den Knien der beiden liegt.

JEAN
Hast du die Szene gefunden, Nina?

DOMINIQUE
Ja, ich habe sie gefunden, Konstantin Gawrilowitsch Trepljow.

Mit dem Zeigefinger deutet sie auf die Stelle im Stück.
Er beugt sich vor, um zu lesen.

JEAN *(die Rolle Trigorins spielend)*
Man ruft nach mir ... Sicher zum Kofferpacken. Ich habe gar keine Lust, von hier abzureisen. Was für ein Paradies, so schön!

DOMINIQUE *(ohne den Text zu lesen)*
Sehen Sie das Haus mit dem Garten dort am anderen Ufer?

JEAN *(liest)*
Ja.

DOMINIQUE
Es ist das Gut meiner verstorbenen Mutter. Ich bin da geboren. Ich habe mein ganzes Leben hier am See verbracht und kenne jedes Inselchen.

JEAN *(liest)*
Schön ist es hier bei Ihnen! Was ist das?

DOMINIQUE
Eine Möwe. Konstantin Gawrilowitsch hat sie geschossen.

JEAN *(liest)*
Ein schöner Vogel. Ich habe wirklich keine Lust abzureisen. Überreden Sie Irina Nikolajewna, dass sie bleibt.

Er tut, als notiere er sich etwas.

DOMINIQUE
Was schreiben Sie?

JEAN *(liest)*
Nichts. Bloß eine Notiz … mir ist ein Sujet eingefallen … für eine kleine Erzählung: Ein junges

Mädchen lebt seit Kindheitstagen an einem See, ein Mädchen wie Sie; es liebt den See wie eine Möwe, ist glücklich und frei wie eine Möwe. Da kommt ein Mann daher, sieht das Mädchen, und aus Zufall, aus Müßiggang, raubt er ihm das Leben, als wäre es eine Möwe …

Während eine Replik auf die andere folgt, schwindet das Licht, und so hört man am Ende ihre Stimmen im Finstern.

Allmählich geht das Licht wieder an. In der Garderobe ist Jean allein, er sitzt am Schminktisch und korrigiert ein paar Seiten seines Manuskripts. Die Schulmappe zu seinen Füßen ist halb aufgeklappt. Eine Kette verbindet sie mit der Handschelle an seinem Gelenk. Die Garderobentür öffnet sich langsam. Caveux erscheint, dunkel gekleidet und auf dem Kopf eine schwarze Ledermütze, wie man sie in den sechziger Jahren trug.

CAVEUX

Hier verbringst du also deine Zeit?

JEAN

Ja.

Er korrigiert weiter die Seiten seines Manuskripts, ohne Caveux Beachtung zu schenken.

CAVEUX

Und hier schreibst du?

JEAN

Ja.

CAVEUX

Und du trägst eine Handschelle?

JEAN

Sie hängt mit der Kette an meiner Mappe, und in der Mappe verwahre ich mein Manuskript. Unmöglich, es zu verlieren, und niemand kann es zerreißen.

CAVEUX

Komischer Einfall …

JEAN *(mit ruhiger Stimme)*

Sie haben gesagt, das Manuskript soll man besser zerreißen …

CAVEUX

Warum siezt du mich?

JEAN

Manchmal fällt es mir schwer, Leute zu duzen …

CAVEUX

Ja, ich denke tatsächlich, es wäre kein großer Verlust, wenn du das Manuskript zerreißt … Ich hab es zufällig gelesen … eines Nachmittags hattest du es bei deiner Mutter liegenlassen … Nun, was ich ahnte, hat sich leider bestätigt.

JEAN

Das tut mir sehr leid für Sie.

CAVEUX

Mir ist klargeworden, dass du meine Ratschläge nicht befolgt hast … Ich hatte dir wiederholt gesagt, man stürzt sich nicht leichtfertig in ein solches Unternehmen … Die Literatur erfordert viel Arbeit …

Willst du meine Meinung hören? Solltest du Proust sein, wäre das längst bekannt …

JEAN *(freundlich)*
Gewiss.

CAVEUX
Nimm doch diese lächerliche Handschelle ab … Als ob dein Manuskript irgendeinen Wert hätte und in einem Banksafe geschützt werden müsste …

JEAN *(in gleichgültigem Ton)*
Keine Sorge … demnächst brauche ich die Handschelle nicht mehr, die mir das Gelenk wund scheuert. Ich schreibe dann mit freier Hand.

CAVEUX
Diese Dreistigkeit … *(Pause. In strengem und zugleich öligem Ton.)* Und dir ist nicht bewusst, wieviel Kummer du deiner Mutter bereitest? Sie probt seit einer Woche, und du hast sie noch kein einziges Mal in ihrer Garderobe besucht … Weißt du nicht mehr, was eine Mutter ist? Du treibst dich lieber hier rum und verlierst deine Gesundheit mit einer kleinen Tingeltangel-Schauspielerin ohne Zukunft …

Während er spricht, betrachtet ihn Jean mit breitem Lächeln.

JEAN

Meine Gesundheit verlieren? Von welcher Krankheit reden Sie eigentlich? Und was genau heißt »kleine Tingeltangel-Schauspielerin«?

Er steht auf und geht zum Lautsprecher. Er dreht am Knopf. Man hört die Probe im Theatersaal.

Eine kleine Tingeltangel-Schauspielerin ohne Zukunft, die Tschechow spielt …

Dominiques kristallklare Stimme in der Garderobe, als wäre sie zugegen.

NINA

Sehen Sie das Haus mit dem Garten dort am anderen Ufer?

TRIGORIN

Ja.

NINA

Es ist das Gut meiner verstorbenen Mutter. Ich bin da geboren. Ich habe mein ganzes Leben hier am See verbracht und kenne jedes Inselchen.

TRIGORIN

Schön ist es hier bei Ihnen! Was ist das?

NINA

Eine Möwe. Konstantin Gawrilowitsch hat sie geschossen.

TRIGORIN

Ein schöner Vogel. Ich habe wirklich keine Lust abzureisen. Überreden Sie Irina Nikolajewna, dass sie bleibt.

Jean dreht den Lautsprecher leiser. Man hört den Rest der Probe als Hintergrundgeräusch. Caveux ist reglos stehen geblieben.

CAVEUX

Ihr kommt euch wohl besonders schlau vor, ihr zwei … der zukünftige große Schriftsteller und die zukünftige große Schauspielerin, vermute ich …

JEAN

Sie ist ein sehr sensibles Mädchen … Eine Bemerkung von ihr wird Sie interessieren … Sie sagte mir, es gäbe eine Ähnlichkeit zwischen den Figuren in Tschechows Stück und uns … Aber ich habe ihr sofort den Irrtum erklärt … Ich habe ihr gesagt, dass Sie nicht wirklich ein Schriftsteller sind wie Trigorin … und dass meine Mutter nichts zu tun hat mit Irina Nikolajewna, der großen Schauspielerin, der Mutter des jungen Mannes … und dass ich nicht die geringste Absicht habe, mich umzubringen, wie dieser junge Mann.

CAVEUX

Du betrachtest mich nicht als Schriftsteller? Und du verhöhnst deine Mutter?

JEAN *(sehr ruhig)*

Ich muss mir diese Replik für später notieren. Eines Tages schreibe ich vielleicht ein Stück, in dem ihr auftaucht, Sie und meine Mutter, wie Gespenster aus der Vergangenheit …

CAVEUX

Gespenster?

JEAN

Sie erlauben, dass ich Ihre Repliken notiere? Ich kann sie später bestimmt gebrauchen.

CAVEUX

Willst du dir auch noch anmaßen, Dramatiker zu werden? Mein armer Freund, du bist viel zu faul … Ich habe gesehen, wie Jean-Paul Sartre damals arbeitete, als er seine Stücke schrieb … Bevor er sie schrieb, hat er gründlich alle Mechanismen studiert, die sich bei den Theaterdichtern des 19. Jahrhunderts finden, und das hat er getan wie ein Uhrmacherlehrling. Er hatte das gesamte dramatische Werk von Eugène Scribe gelesen, mit dem Bleistift in der Hand, und jede Seite mit Anmerkungen versehen.

JEAN *(verträumt)*

Mit dem Bleistift in der Hand.

CAVEUX

Jawohl. Mit dem Bleistift in der Hand.

JEAN *(mit gespielter Naivität)*

Und Sie haben auch immer so gearbeitet? Mit dem Bleistift in der Hand?

CAVEUX

Wie traurig, ein Junge deines Alters, der in die Katastrophe rennt ... Gern würde man ihn retten, doch man kommt nicht an gegen Unordnung und Willensschwäche ... Und das wird immer noch schlimmer im Umgang mit diesem Mädchen ...

JEAN

Mit der »kleinen Tingeltangel-Schauspielerin«? Glauben Sie wirklich?

CAVEUX

Du kannst dir nicht den kleinsten Schlendrian erlauben. Du hast Verpflichtungen materieller Art ... Hättest du Courage, dann würdest du dir eine Arbeit suchen und deiner Mutter die Behaglichkeit sichern, die sie verdient ...

JEAN

Ja, ich sollte diese Ratschläge von Ihnen befolgen ... Sie wären mir ein guter Führer ... Das gibt es immer seltener in unserer Zeit ... Man begegnet so vielen bösen Hirten ...

CAVEUX
Ich hab's dir schon gesagt, spiel nicht den Schlaumeier ... Ich hätte so gern Achtung vor dir ... Du scheinst dir einer Sache nicht bewusst zu sein, die man im Leben dringend braucht ... Man muss gewisse Menschen bewundern können ... Sie dienen einem als Beispiel ... im Umgang mit ihnen erhebt man sich ... Ich denke oft an den Titel eines Buches ... ein sehr schöner Titel: *Das Leben als Schiffsbug* ... Ich wünschte, du würdest nicht deine Zeit und deine Gesundheit in einer Theatergarderobe verlieren, mit diesem Mädchen, das einen schlechten Einfluss auf dich hat und dich nach unten zieht ... Vergiss nicht ... *(Plötzlich sehr ernst.)* Das Leben als Schiffsbug.

JEAN *(nachdenklich)*
Das Leben als Schiffsbug ...

CAVEUX
Weißt du, ich habe immer die Tänzer und die Toreros bewundert ... Über einige von ihnen habe ich

Artikel geschrieben ... insbesondere über Luis Miguel Dominguín und El Cordobés ... und über den sehr jungen Torero, der El Litri genannt wird ... und natürlich auch über Rudolf Nurejew ... In ihrer Nähe empfand ich, wie soll ich's ausdrücken, eine Art Überschwang ... Ich bewunderte ihre Arbeit, ihren Mut, ihre Schönheit ... Hättest du Nurejew morgens gesehen, wenn er stundenlang an der Stange übte ... Und El Litri als Jugendlichen, wenn er in die Arena einzog ... ein Erzengel ... Ich hätte so gern, du wärst wie sie ...

JEAN

Aber ich bin nichts neben diesen Berühmtheiten ... ein Staubkorn ...

CAVEUX

Wenn du auf mich hörst ... ich bin fast fünfzig ... Glaub ja nicht, ich sei blind, was mich selbst betrifft ... Ich weiß genau, dass ich nichts zu schaffen habe mit Trigorin, dem Erfolgsschriftsteller aus Tschechows Stück, woran du mich freundlicherweise erinnert hast ... aber ich bin ein guter Profi ... ich könnte so manche Ungeschicklichkeit korrigieren, die ich in deinem Manuskript gelesen habe ...

dir zum Beispiel den Gebrauch von Metaphern beibringen, den du nicht zu kennen scheinst ... Durchschnittliche Sportler sind ausgezeichnete Trainer ... ich könnte für dich die Rolle des Trainers spielen ...

JEAN
Wirklich sehr nett von Ihnen ... Mir ist aufgefallen, dass Sie am Anfang meines Manuskripts einige Korrekturen vorgenommen haben ...

CAVEUX
Ja, ich habe einige Korrekturen vorgenommen ... denn ich reagiere wie ein Profi ... Ich bin ein Profi ...

JEAN *(blättert in seinem Manuskript)*
Ich glaube, Sie haben viel zu viele Adjektive eingefügt ...

CAVEUX
Aber dein Stil ist so farblos ... so schal ...

JEAN *(traurig)*
Ich hatte einfach nur »ein Donnerschlag« geschrieben, das haben Sie gestrichen und ersetzt durch:

»der Donner grollte mit dumpfen Schlägen in der Ferne«.

CAVEUX
Der Satz muss singen, du Esel …

JEAN
Und hier hatte ich geschrieben: »Aus seinem Mund kamen kurze Sätze«, und Sie haben hinzugefügt: »wie Fürze eines Feinschmeckers«.

CAVEUX
So etwas nennt man eine Metapher. Du hast kein Vertrauen zu mir? Ich mache dir einen Vorschlag: Du vergisst endgültig dein armseliges Manuskript, und ich diktiere dir, was du schreiben musst … Das wird eine gute Erfahrung sein … ein bisschen so wie Flauberts Gueuloir …

JEAN *(höflich)*
Aber ich will nicht, dass mir jemand diktiert, was ich schreiben soll.

CAVEUX
Das wird auch ein starkes Band zwischen uns knüp-

fen … wie bei Cyrano de Bergerac und Christian, wenn Cyrano ihm seine Liebeserklärung einflüstert …

JEAN
Mir muss man überhaupt nichts einflüstern.

CAVEUX
Dieser Stolz! Als ich zum Kreis um Jean-Paul Sartre gehörte, ist es vorgekommen, dass ich ihm gewisse Texte korrigierte, und sogar, dass ich sie völlig neu schrieb. Außerdem habe ich in einem seiner Stücke Kürzungen vorgenommen …

JEAN
Mit dem Bleistift in der Hand?

CAVEUX
Ist das dein letztes Wort?

Jean bleibt stumm.

Weiterreden ist sinnlos … Du schaust von der Höhe deines künftigen Werks auf mich herab? Na gut, ich überlasse dich deiner kleinen Tingeltangel-Schauspielerin und deiner Mittelmäßigkeit … In deinem Alter hatte ich mehr Ehrgeiz als du … Ich träumte davon, Dichter zu werden … Der Roman dünkte mich ein allzu vulgäres Genre …

Er geht vor bis an die Rampe, als spräche er zum Publikum:

Ich habe mit einem Gedichtband debütiert, der Titel war *Cante rondo … (Leiser.)* Ich hatte ein Gespür für das, was man Zäsur nennt … Zuweilen muss man den Vers in der Schwebe lassen und eine Fermate setzen … Soll ich Ihnen ein Beispiel geben …? Bitteschön, damit schloss mein Gedichtband:

Er beginnt seinen Vortrag voller Selbstsicherheit, verliert diese jedoch allmählich und stockt bei den letzten Versen:

Kein Juni ist strahlender gewesen
Als der Juni damals zur Sonnenwende
Die Erwachsenen hatten den Krieg verloren
Und du liefst über die Heide und
zerkratztest dir deine Knie
Ein Junge rein und stürmisch

Weit weg von den Dörflerinnen, den lüsternen
Mädchen
Das Blau des Himmels war niemals zuvor so blau …

Pause. Er steht sehr gerade da, als bitte er um Applaus. Er wirkt enttäuscht, weil dieser ausbleibt. Jean ist hinten auf der Bühne nicht mehr zu sehen. Wenige Augenblicke später verlässt Caveux wie ein Schlafwandler, langsam und im Krebsgang, den Schauplatz.

Dunkelheit. Das Licht geht wieder an.
Dominiques Garderobe. Jean liegt auf dem Kanapee. Dank eines über dem Kanapee hängenden Lautsprechers hört man eine Probe von Schönes Wochenende, Gonzales, *die im benachbarten Theater stattfindet.*

EINE STIMME *(sehr laut)*
He … Gonzales!

EINE ANDERE STIMME
Antworte gefälligst, Gonzales!

EINE ANDERE STIMME

Wir wissen, du versteckst dich da oben …

EINE ANDERE STIMME

Hältst du uns für Esel, Gonzales?

EINE ANDERE STIMME

Gleich holen wir dich, Gonzales!

Dann alle Stimmen im Chor:

Schönes Wochenende, Gonzales! Schönes Wochenende, Gonzales! Ein Hipphipphurra für Gonzales!!

Jean steht auf und dreht den Lautsprecher ab. Dominique ist in die Garderobe getreten.

JEAN

Der Bühnenmeister war so nett und hat dieses Gerät angebracht, damit ich die Proben von *Schönes Wochenende, Gonzales!* hören kann. So wissen wir, wann meine Mutter auf der Bühne steht, und können ihr aus dem Weg gehen.

DOMINIQUE
Jedenfalls hatte ich Glück und bin ihr seit neulich nicht mehr begegnet.

JEAN
Ich bin sicher, sie taucht unversehens hier auf … Ihre Garderobe ist vielleicht hinter der Wand … Der Bühnenmeister hat es mir bestätigt, zwischen den beiden Theatern gibt es einen Durchgang … eigentlich keinen Durchgang … bloß eine Verbindungstür …

DOMINIQUE
Denk nicht mehr dran, Jean.

JEAN
Ich hätte dir nicht sagen sollen, dass Caveux mich hier in deiner Garderobe besucht hat, gestern nachmittag …

DOMINIQUE
Jean … Vorhin habe ich mich auch gefragt, ob ich's dir wirklich erzählen muss … ich bin Caveux heute morgen begegnet …

JEAN *(überrascht)*

Komisch! Gestern, als er die Bühne im Krebsgang verließ, wie ein Gespenst, da hatte ich das Gefühl, wir würden ihn nie wieder sehen.

DOMINIQUE

Ich trat gerade aus dem Haus. Er stand an der Ecke Rue de Valence / Avenue des Gobelins … als liege er auf der Lauer … Ich hätte in die entgegengesetzte Richtung laufen können, aber warum sollte ich? Er kam auf mich zu … Er trug einen flaschengrünen Regenmantel wie vom Militär … und Stiefel …

JEAN

Stiefel?

DOMINIQUE

Ja.

JEAN

Und die schwarze Ledermütze?

DOMINIQUE

Nein. Er hatte nichts auf dem Kopf. »Ich bin gekommen, um mit Ihnen über Jean zu sprechen«, sagte er.

Seine Stimme war sehr ölig, dann aber auch wieder sehr schroff. Er sagte: »Ich wünsche, dass Sie Jean nicht mehr sehen. Das geschieht zu seinem Wohl. Der Junge ist allzu empfindsam …«

JEAN

Allzu empfindsam? Sollen wir jetzt Tränen vergießen …

DOMINIQUE

Er sagte, deine Mutter macht sich große Sorgen um dich …

JEAN

Das hat sie immer getan … eine von diesen Müttern, die sich heimlich für ihren Sohn opfern und ihm beistehen, allen Widrigkeiten zum Trotz … Zwischen elf und achtzehn habe ich sie vielleicht zwei- oder dreimal gesehen, und immer nur eine knappe Stunde … Sie hatte schnell genug.

DOMINIQUE

Während er mit mir sprach, wurde er immer bedrohlicher.

JEAN

Ich vermute, euer Dialog war nicht ganz so wie der mit Trigorin in der *Möwe* …

DOMINIQUE

Nein. Trotzdem hat das alles ein seltsames Gefühl bei mir ausgelöst … Mir war, als hätte ich Fieber und die Figuren aus Tschechows Stück erschienen mir irgendwie verzerrt.

JEAN

Ich verstehe … als sähest du sie in den Vexierspiegeln des Jardin d'Acclimatation. Oder als würde das Stück von einem Säufer erzählt, der gepanschten Alkohol getrunken hat …

DOMINIQUE

Er betonte, es sei zwecklos, dass du dein Manuskript an einen Verlag schickst … es wird sowieso abgelehnt … Und auf jeden Fall werde er selbst alles daransetzen, dass dieses Buch nie erscheint …

JEAN

Trigorin hätte sowas nie gesagt.

DOMINIQUE

Er zog ein Notizbuch aus der Tasche seines Regenmantels. Er schlug es auf und sagte: »Sie wohnen doch in der Rue de Valence Nr. 9? Wir werden jede Nacht kommen und an Ihre Tür klopfen, seine Mutter und ich, und kontrollieren, ob er bei Ihnen ist … oder wir legen uns vor dem Haus auf die Lauer und verhindern, dass er raufgeht …«

JEAN

Besser, wir gehen ein paar Tage nicht zu dir.

DOMINIQUE

Werden sie dich lange verfolgen?

JEAN

Caveux glaubt, er könne irgendeinen Einfluss auf mich ausüben … ein Naivling … Und dann gehört er zu diesen starrsinnigen Moralisten, die Mut predigen, aber in Fahrstühlen Angst haben …

DOMINIQUE

Frauen mag er wohl nicht besonders …

JEAN

Männer auch nicht. Ich glaube, er ist unberührt. Meine Mutter übrigens auch.

DOMINIQUE

Und es gibt kein Mittel, deine Mutter und ihn zu besänftigen?

JEAN

Sie stacheln sich gegenseitig auf … seit einer Weile wollen sie mit mir die edlen Eltern spielen … Sie sind wie zwei Komödianten, die ein heruntergekommener Impresario für Rollen engagiert hat, in die sie nicht passen …

DOMINIQUE

Und du bist sicher, dass ich sie nicht zur Vernunft bringen kann? Ich bin eine Bäuerin, ich bewahre kühlen Kopf …

JEAN

Die Mühe kannst du dir sparen. Nur noch ein bisschen Geduld … Irgendwann lösen die sich in Luft auf …

DOMINIQUE

Glaubst du wirklich, wir sollten ein paar Tage nicht in meine Wohnung gehen?

JEAN

Das ist klüger … Sie werden Krach schlagen, an deiner Tür klingeln oder dich auf der Straße angreifen … Sie wollen, dass du die verruchte Frau spielst, ich den braven jungen Mann und sie die ehrbaren Eltern … Wir müssten den Polizeinotruf wählen, und dann säßen wir mit diesen zwei armseligen Gestalten auf dem Revier … Und wenn wir in deiner Garderobe schlafen?

DOMINIQUE

Ist das Kanapee nicht zu klein?

JEAN

Bob Le Tapia, der Bühnenmeister, hat mir das Zimmer gezeigt, dass sich die frühere Theaterdirektorin hatte einrichten lassen … ein Himmelbett … und überall Spiegel … sogar an der Decke …

DOMINIQUE

Können wir da schlafen?

JEAN

Natürlich … Wir erklären ihm die Situation. Er versteht das schon … Er hat mir komische Geschichten erzählt über diese alte Tragödin und Direktorin … Mit achtzig wollte sie »Fräulein« genannt werden, und eines Tages hat Bob den Fauxpas begangen, ihr von einer Anfängerin zu erzählen, die in ihrem Theater spielte. Er hat den Ausdruck »junges Mädchen« gebraucht … Sie hat wütend aufgestampft und in empörtem Ton gesagt: »Hier gibt es nur ein junges Mädchen, mich.«

DOMINIQUE

Nein, ich hab keine Lust, in ihrem Zimmer zu schlafen … ich bin abergläubisch … ich habe Angst, die alte Schmierenkomödiantin bringt mir Unglück …

JEAN

Du hast recht …

DOMINIQUE

Wir können hierbleiben und die Tür abschließen, falls die beiden unversehens auftauchen.

JEAN

In der Nacht kommen die nicht. Die stehen Wache an der Ecke Rue de Valence/Avenue des Gobelins.

DOMINIQUE

Glaubst du?

JEAN

Reglos und stumm wie zwei Vogelscheuchen.

DOMINIQUE

Du machst mir Angst, Jean …

JEAN

Hast du heute nachmittag noch Probe?

DOMINIQUE

Ja … die Schlussszene … die mit dir …

JEAN

Aber ich bin nicht Konstantin Gawrilowitsch Trepljow, ich werde mich nicht umbringen. Von den zwei Vogelscheuchen lasse ich mir nicht die Stimmung ruinieren.

Dominique nimmt das Textheft vom Schminktisch. Die beiden setzen sich nebeneinander aufs Kanapee. Sie blättert im Textheft.

DOMINIQUE
Hier ... Da ist es ...

Sie zeigt mit dem Finger auf die Seite. Während sie den Text lesen, schwindet das Licht, bis Finsternis herrscht.

Ich weiß es jetzt, Kostja, ich verstehe es, das Wesentliche bei unserer Arbeit – ob auf der Bühne oder beim Schreiben –, das Wesentliche ist weder der Ruhm noch der Glanz, noch all das, wovon ich träumte, sondern die Fähigkeit zu ertragen ... sein Kreuz tragen und glauben. Ich glaube, und das lindert meinen Schmerz, und wenn ich an meine Berufung denke, habe ich keine Angst vor dem Leben.

JEAN *(traurig)*
Sie haben Ihren Weg gefunden, Sie wissen, wohin Sie gehen, ich dagegen treibe noch immer in einem Chaos von Träumen und Bildern, ohne zu wissen, warum ich schreibe und wer es braucht. Ich

glaube nicht, und ich weiß nicht, was meine Berufung ist.

Dunkelheit.
Das Licht geht wieder an und scheint auf Dominique und Jean. Sie stehen mitten auf der völlig leeren Theaterbühne, keinerlei Requisiten.

DOMINIQUE
Hier kann man atmen.

Sie atmet tief ein.
Sie dreht sich zu Jean.

Wie spät ist es?

JEAN
Zwei Uhr morgens.

DOMINIQUE
Eine gute Idee, in der Garderobe zu schlafen … Wir könnten bis zur Generalprobe hier wohnen … und sogar noch länger … Ich bin sicher, Bob, der Bühnenmeister, erlaubt es uns …

JEAN

Und wenn er mich als Nachtwächter anstellt?

DOMINIQUE

Hier, um diese Stunde, ist die Luft leicht ... Als du jünger warst, hast du da nicht auch Augenblicke gehabt, in denen du meintest zu ersticken?

JEAN

Wahrscheinlich. Aber es war mir nicht bewusst.

DOMINIQUE

Bei mir hat das schon in der Kindheit angefangen ... Später träumte ich davon, ans Meer zu fahren oder in die Berge, weil ich hoffte, endlich atmen zu können ... bis zu dem Tag, da ich zum ersten Mal auf einer Theaterbühne stand ... Trotz des Lampenfiebers atmete ich wie nie zuvor ... Und nie wieder hatte ich das Gefühl zu ersticken ... Wozu die frische Luft im Gebirge suchen oder am Meer? Die frische Luft ist hier ...

Pause.

JEAN
Diese Stille …

DOMINIQUE
Bob, der Bühnenmeister, sagte mir, es geschehen seltsame Dinge, des Nachts in Theatern … Hat man sich einmal an die Stille und die leeren Sitzreihen gewöhnt, dann hört man Stimmen, aber die sind so fern, dass man sie nicht gleich wahrnimmt … Man braucht einige Tage, einige Monate, bis man sie wirklich hört … Es ist eine richtige Übung … ein bisschen wie Joga.

JEAN
Und du, hörst du die Stimmen?

DOMINIQUE
Noch nicht. Aber Bob sagte, dass Savelsberg sie hört.

JEAN
Hast du Savelsberg drauf angesprochen?

DOMINIQUE
Ich trau mich nicht. Bob gab mir zu verstehen, es sei besser, man schneidet das Thema bei ihm nicht an.

Da geht es um seine Arbeitsmethode ... Er möchte seine Geheimnisse bewahren.

JEAN
Was für Geheimnisse?

DOMINIQUE
Anscheinend muss Savelsberg bei jeder Inszenierung genau wissen, wie die anderen vor ihm gearbeitet haben. Und wie die Schauspieler gespielt haben. Danach hat er dann volle Handlungsfreiheit.

JEAN
Und das alles hat dir Bob erklärt?

DOMINIQUE
Er hat gerade die Plakatwand saubergemacht, draußen an der Theaterfassade ... Wenn er das jüngste Plakat ablöste, kam dahinter ein anderes zum Vorschein, und dann noch eins ... Er hat so lange gekratzt, bis schließlich die Fetzen des letzten Plakats sichtbar wurden, ein Stück von vor fünfundzwanzig Jahren, es hieß *Mademoiselle de Panama* ... Er sagte mir, das sei Savelsbergs Methode ... der versuche zu hören, wie die Schauspieler in der Vergangenheit

gespielt haben … Offenbar wurde hier vor sehr langer Zeit Tschechow gespielt, *Die Möwe* …

Sie schweigen alle beide, als versuchten sie, Stimmen aufzufangen.

JEAN
Jetzt verstehe ich … Diese Wände, die Bühne und die Balkone sind erfüllt von den Stimmen all jener, die hier gespielt haben, seit den Anfängen … wie in einem Resonanzkasten. Man müsste nur auf einen Knopf drücken, der vielleicht irgendwo in den Kulissen ist, und schon wären all diese Stimmen zu hören, all diese Stücke seit fünfzig Jahren …

DOMINIQUE
Wir sollten Bob fragen.

Sie setzen sich nebeneinander auf die Bühne.

JEAN
Denkst du wirklich, der Saal ist um zwei Uhr morgens immer leer? Ich bin mir sicher, zu dieser Stunde kommen die Zuschauer von einst wieder, um sich die Stücke von einst anzuschauen … so etwas wie die

ewige Wiederkehr … aber man sieht sie nicht … wir sind nicht aufmerksam genug …

DOMINIQUE

Wir sollten Bob fragen …

Das Licht schwindet allmählich.

Glaubst du, es lohnt sich, zurück in die Garderobe zu gehen?

JEAN

Nein … Wir können hier schlafen …

Sie legen sich auf den Boden, während das Licht schwindet, bis Finsternis herrscht.
Das Licht geht wieder an und scheint auf Caveux und Elvire, die nebeneinander an der Rampe stehen. Hinter ihnen liegt die Bühne im Dunkel.

CAVEUX

Du musst jetzt deine Mutterrolle spielen. Die einzige Frau, die im Leben eines Mannes zählt, ist seine Mutter. Jean-Paul Sartre hat bis sechzig mit seiner Mutter zusammengelebt.

ELVIRE

Hier also wohnt dieses Mädchen?

CAVEUX

Ja. Gleich neben dem großen Backsteingebäude da drüben. Wenn wir die beiden kommen sehen, versperren wir ihnen den Weg.

ELVIRE

Ich könnte dem Mädchen die Augen auskratzen. Dann werden wir ja sehen, ob sie noch immer Tschechow spielt …

CAVEUX

Vor allem müssen wir zwei zusammen stark genug sein, deinen Sohn wegzuschleppen … Jeder packt einen Arm, bis zum Auto … Ich werde tun, was in meiner Macht steht, um diesen Jungen zu retten …

ELVIRE

Ich rede mit dem Mädchen … Wenn die sich einbildet, sie habe Ansprüche auf meinen Jungen, weil sie Tschechow spielt … Glaubst du, sie hat ihm schon was anhaben können?

CAVEUX

Neulich hat sie mir die Stirn geboten. Sie ist gefährlich. Dein Sohn ist für sie eine leichte Beute. Ich hab's gesehen, sie hat ihn schon verdorben.

Pause.

ELVIRE

Glaubst du, sie hat ihm … *(Sie sucht nach Worten.)* … seine Reinheit geraubt?

CAVEUX

Bedauerlicherweise, ja. Wir müssen diesen Jungen retten … Notfalls bleibe ich die ganze Nacht hier und warte …

ELVIRE

Ich auch.

CAVEUX

Irgendwann lassen sie sich schon blicken … Wir sind hier an der besten Stelle und überwachen die beiden Zugänge zur Straße … Aber ich bin sicher, sie kommen von der Avenue des Gobelins …

ELVIRE

Nur du kannst ihn zum Guten lenken. Du bist ein Schriftsteller.

CAVEUX

Ich will ihm gern moralischen Rückhalt geben, aber keinen materiellen. Von mir bekommt er nicht einen Centime, selbst wenn er vor Hunger krepiert … Du, als seine Mutter, musst ihm seine Verpflichtungen klarmachen und ihn zwingen, so schnell wie möglich eine Arbeit zu suchen … Das mindeste ist, dass er deine Miete bezahlt …

ELVIRE

Ich bin ganz deiner Meinung.

CAVEUX

Das ist der einzige Weg, ihn zu retten.

ELVIRE

Ich höre Schritte …

Caveux zieht eine Stablampe aus der Tasche, knipst sie an und sucht mit dem Lichtkegel den Bühnenvordergrund ab.

CAVEUX

Nein … Da ist niemand.

ELVIRE

Bist du sicher?

CAVEUX

Wir sollten noch mal zu ihr gehen … Vorhin habe ich geklopft, geläutet und sogar gegen die Tür getreten … Wären sie dagewesen, dann hätten sie aufgemacht, schon aus Angst vor dem Krach … Aber vielleicht waren sie da … Diesmal greife ich zum äußersten Mittel … Ich knacke das Schloss …

Er zieht ein Messer mit mehreren Klingen aus der Tasche.

ELVIRE

Du hast recht. Wir müssen meinen Sohn retten.

Sie gehen in Richtung Bühnenhintergrund, Caveux leuchtet mit der Stablampe. In ihrem Lichtkegel erscheint Jean. Er ist sehr ruhig, und diese Erscheinung hat etwas Unwirkliches, wie in einem Traum.

Elvire und Caveux stehen reglos da, versteinert. Jean nähert sich ihnen.

JEAN
Eine merkwürdige Begegnung ... Ich dachte, ihr seid schon lange tot ...

ELVIRE *(starr und theatralisch)*
Mein Kleiner ... mein armer Kleiner ...

JEAN
Ihr seid noch am Leben? Was treibt ihr hier auf der Straße? Es ist zwei Uhr morgens.

ELVIRE
Wir kommen dich holen, mein Kleiner ... Wir wollten dich retten vor diesem abscheulichen Mädchen ...

JEAN *(scheint nicht zu verstehen)*
Was für ein abscheuliches Mädchen?

ELVIRE
Aber du weißt doch ... sie spielt Tschechow ...

Sie will ihn umarmen.

Mein großer Junge …

Aber Jean stößt sie vorsichtig weg.

CAVEUX *(sein mehrklingiges Messer in der Hand)*
Stoß deine Mutter nicht weg, Jean.

JEAN
Welches Jahr haben wir? Ich glaubte wirklich, ihr seid tot …

CAVEUX
Wir haben nie aufgehört, über dich zu wachen. Deine Mutter war so beunruhigt …

JEAN *(sein Blick wandert vom einen zum andern)*
Man kann nicht sagen, dass ihr vor Lebensfreude sprüht.

CAVEUX
Wie sollten wir vor Lebensfreude sprühen? Deine Mutter wachte nachts immer auf und sagte zu mir: »Jean ist verloren … verloren … Unternimm et-

was …« Aber ich hatte alles unternommen … Du hörtest nicht auf meine Ratschläge … noch auf die deiner Mutter …

JEAN *(freundlich)*
Ihr gabt mir Ratschläge? Das hatte ich vergessen.

CAVEUX
Was für ein Undank … Ich wollte dich emporziehen … Ich wollte dir eine Art Führer sein … Erinnerst du dich?

ELVIRE
Er gab dir gute Ratschläge … Er suchte dich zu warnen vor den Schwierigkeiten des Handwerks … Denn *er* war ein Schriftsteller …

JEAN
Findet ihr nicht, der September in diesem Jahr ist ganz wundervoll? Man nennt das Nachsommer … Ich spaziere durch die Straßen von Paris … das Leben ist schön … ich bin glücklich …

CAVEUX
Ist das wahr? Du bist glücklich? Du hast es gut.

ELVIRE

Ich mache mir solche Sorgen … Du bist doch wenigstens nicht krank, mein Junge?

JEAN

Nein, kein bisschen.

ELVIRE

Weißt du sicher, dass du nicht krank bist? Du kannst uns alles sagen, mein Junge.

CAVEUX

Verschweig uns nicht die Wahrheit. Wir wollen dir helfen. Wir sind auf das Schlimmste gefasst, wie schon immer bei dir.

JEAN

Nein, nein, keine Sorge … Das Leben war noch nie so schön …

ELVIRE

Sag uns die Wahrheit, mein Junge. Du bist nicht krank, und es stimmt, du bist glücklich?

JEAN
Sehr glücklich. Und sehr reich.

Sie wirkt enttäuscht.

ELVIRE
Man muss nett sein zu den armen Eltern, die sich so große Sorgen gemacht haben. Und dieses Mädchen? Spielt sie immer noch Tschechow?

JEAN
Nicht nur Tschechow … seit damals hat sie Giraudoux gespielt, Musset, Claudel, Pirandello, Shakespeare, Racine, George Bernard Shaw …

ELVIRE
Sei still!

CAVEUX
Quäl deine Mutter nicht!

JEAN *(zu Caveux)*
Sind Sie vor Frauen immer noch so auf der Hut?

CAVEUX

Du traust dich, mir diese dumme Frage zu stellen?

JEAN

Sie haben mir gesagt, man sollte ihnen aus dem Weg gehen …

CAVEUX

Das geschah nur zu deinem Besten … damit du ein rechtschaffener Junge bleibst … »ein Junge rein und stürmisch«, wie ich in meinem ersten Gedichtband schrieb …

JEAN

Und was ist aus den Toreros geworden und aus den Tänzern, von denen Sie mir erzählten?

CAVEUX

Das weiß ich nicht mehr.

Pause. Elvire geht auf Jean zu.

ELVIRE

Eben hast du gesagt, du bist reich …

JEAN *(zuckt die Schultern)*
Das war ein Scherz.

ELVIRE
Könntest du mir nicht aus der Verlegenheit helfen? Bloß für den kommenden Monat … danach wird man sehen …

CAVEUX
Deine Mutter steckt in großen Schwierigkeiten … Erinnere dich … Ich hatte dir immer geraten, eine Arbeit zu suchen, damit du ihre Miete bezahlen kannst … und ich hatte dir sogar nahegelegt, eine Lebensversicherung abzuschließen, in deren Genuss sie …

JEAN
Natürlich … Augenblick … ich habe ein bisschen Geld dabei … aber ich lasse euch noch was zukommen. Gebt mir eure Adresse.

CAVEUX
Postlagernd. Amt 23-212.

Er überreicht ihm mit weltmännischer Geste etwas, das nach einer Visitenkarte aussieht.
Jean wühlt in seinen Taschen. Er gibt seiner Mutter einen Geldschein. Sie steckt ihn in die Handtasche.

ELVIRE
Mein großer Sohn … Du willst uns nicht beunruhigen, aber ich bin überzeugt, du bist sehr unglücklich, sehr arm, und dieses Mädchen kann nicht mehr Tschechow spielen … Ich irre mich nicht, was? Ich irre mich nie.

Jean entfernt sich von ihnen, doch bevor er hinten auf der Bühne im Dunkel verschwindet, hebt er winkend den Arm.

JEAN *(lächelnd)*
Vielleicht sehen wir uns wieder … Nachts, um diese Stunde, begegnet man immer Gespenstern auf den Straßen von Paris … Sie machen mir keine Angst mehr …

Caveux und Elvire bleiben allein auf der Bühne. Ihnen scheint nicht wohl zu sein in ihrer Haut.

CAVEUX *(zeigt auf den Vordergrund der Bühne)* Sag etwas zu ihnen … ich bitte dich … Sag etwas zu ihnen … Ich hab es neulich versucht … ich wollte ihnen ein Gedicht vortragen, aus meinem ersten Buch, *Cante rondo* … aber es hat nicht geklappt … Sie mögen uns nicht … Dein Sohn hat über uns so viel Schlechtes erzählt …

Er schiebt Elvire in den Vordergrund der Bühne. Man hat den Eindruck, er verschanzt sich hinter ihr.

Sag etwas zu ihnen … Denk an mich … Sag etwas zu ihnen, damit sie uns verzeihen …

Elvire tritt bis an den äußersten Rand der Bühne. Sie hält sich sehr steif.

ELVIRE *(mit abgehackter und mechanischer Stimme)* Mein armes Kind … Er war … so nett … als er … klein war …

Das Licht schwindet, bis Finsternis herrscht. Halbdunkel. Jean als Silhouette, von hinten, reglos, wie am Anfang des Stücks.

JEAN

Wann sind wir uns zum ersten Mal begegnet? Spätnachts, Place Blanche, in dem Café kurz vor der Apotheke … Sie saß da alleine, am Nebentisch … Auch ich war allein … Sie sagte: »Ich spiele eine kleine Rolle am Theater in der Rue Blanche …« Abends holte ich sie immer ab … Ich ging lieber nicht hinauf in ihre Garderobe, aus Angst, ich könnte einem andern Schauspieler begegnen, der im selben Stück spielte … Henri Guisol, ein alter Kumpan meiner Mutter … Er kannte mich schon, da war ich ein Kind … Als sie am Theater in der Rue Blanche spielte, trug ich bereits mein Manuskript in dieser Mappe mit mir herum, mit einer Handschelle am Gelenk … Er hätte das seltsam gefunden, Henri Guisol … *(Pause.)* Was für ein schöner Herbst damals … die Jahreszeit ist mir nie traurig vorgekommen … sie verkündet oft den Anfang von etwas … Ich erwartete sie auf dem Trottoir, im unteren Teil der Straße, vor dem Theater … Manchmal habe ich das Gefühl, seit jenem Herbst gehen wir die Steigung der Rue Blanche hinauf bis ans Ende der Zeiten …

Das Licht wird allmählich heller. Dominiques Garderobe. Jean steht aufrecht da. Dominique sitzt vor dem Schminktisch. Das Kanapee hat sich in ein Bett verwandelt. Zerwühlte Laken und Decken.

DOMINIQUE

Es ist Mittag. Zum Glück haben wir unsere Probe später als gewöhnlich …

JEAN

Wir sollten immer hier schlafen … oder sogar hier wohnen … Man wüsste nicht mehr, wann Tag ist und wann Nacht … man wäre endgültig sicher vor der Welt … Heute nacht habe ich von meiner Mutter und Caveux geträumt …

DOMINIQUE

Mein armer Jean …

JEAN

Um zwei Uhr morgens lauerten sie auf uns in der Rue de Valence … sie waren sogar zu deiner Wohnung hinaufgestiegen … hatten gegen die Tür getreten …

DOMINIQUE

Abscheulich …

JEAN

Ich fühlte mich sehr leicht in ihrer Gegenwart … Sie waren harmlos geworden … Ich wusste, sie waren schon lange tot …

DOMINIQUE

Tot?

JEAN

Ich war zurückgekehrt in eine frühere Zeit … Als tauchte ich plötzlich tief in die Vergangenheit, während ich schon alles über die Zukunft wusste … Fast hatte ich Mitleid mit meiner Mutter und Caveux … zwei Penner, verloren in der Vergangenheit …

DOMINIQUE

Du müsstest das alles aufschreiben, in einem Roman …

JEAN

Nein. Eher in einem Theaterstück … später mal … viel später …

DOMINIQUE
Aber nicht zu spät, wenn du willst, dass ich meine eigene Rolle spiele … sonst bin ich dafür zu alt …

Pause. Jemand klopft wild gegen die Tür, dreht mit Gewalt am Knauf.

Wer ist da?

Keine Antwort. Die Schläge gegen die Tür werden stärker.

JEAN
Mach nicht auf.

DOMINIQUE
Warum? Ich habe nichts zu verbergen …

Sie dreht den Schlüssel im Schloss der Garderobe um. Die Tür geht auf, Elvire erscheint … Sie tritt herein und lässt sich in einen Fauteuil neben dem Kanapee fallen.

ELVIRE
Meine armen Kinder …

Doch offenbar nimmt sie weder vom einen noch vom andern Notiz, viel zu sehr mit sich selbst beschäftigt.

Ich weiß nicht, ob ich noch weiter in diesem Stück spielen kann …

Sie schüttelt den Kopf, als wäre sie den Tränen nahe.

Und dann gehört auch noch diese abscheuliche Jacqueline Castagnac zur Besetzung … also die, die hasse ich … Ich musste sie schon in *Der Nackte mit der Trommel* ertragen …

Hinter seiner Mutter zuckt Jean die Schultern und gibt Dominique Zeichen des Einverständnisses, er bedeutet ihr, dass man Elvire einfach reden lassen muss, ohne sie zu unterbrechen.

Diese abscheuliche Jacqueline Castagnac, sie hat in der Pause von *Der Nackte mit der Trommel* Männer empfangen und verwandelte ihre Garderobe in ein Bordellzimmer …

DOMINIQUE *(schüchtern)*
Möchten Sie etwas trinken, Madame?

ELVIRE
Nennen Sie mich nicht »Madame«.

JEAN
Ich glaube, du täuschst dich völlig in Jacqueline Castagnac.

ELVIRE
Sei still ... *(Pause.)* Und unser armer Christian-Claude ... Er hat völlig das Interesse an der Inszenierung verloren ... Er schläft während der Proben ein ... Zum Glück ist es eine Wiederaufnahme, wir haben das Stück in diesem Sommer mehrmals im Kasino von Vittel gespielt ...

DOMINIQUE
Möchten Sie wirklich nichts trinken?

ELVIRE
Nein. Dieser arme Christian-Claude ... Ich habe den Eindruck, er ist nicht mehr ganz richtig im Kopf ... Für die Generalprobe hat er eine Gästeliste zu-

sammengestellt ... Die meisten sind schon lange tot ...

JEAN

Bist du sicher, Mama?

ELVIRE

Natürlich. Zum Beispiel steht Henri Bernstein auf der Liste ... Er ist seit fünfzehn Jahren tot.

JEAN *(zu Dominique)*

Armer Christian-Claude ...

Elvire dreht sich langsam zu Dominique und mustert sie zum ersten Mal.

ELVIRE *(hochnäsig)*

Ist das die Kleine, die Tschechow spielt?

JEAN

Ja.

DOMINIQUE

Wir sind uns schon auf der Straße begegnet.

ELVIRE
Ich kann mich nicht erinnern.

JEAN
Ich hab dir von ihr erzählt … Du hast mich sogar gefragt, warum Savelsberg sie engagiert hat …

ELVIRE
Nein … das habe ich dich nie gefragt … *(Verträumt, aber noch immer hochnäsig.)* Tschechow … Auch ich hätte gern Tschechow gespielt …

DOMINIQUE *(naiv)*
Und warum haben Sie es nicht getan …?

ELVIRE
Weil ich entmutigt wurde. Sie haben Glück … Savelsberg war nett zu Ihnen … Er hat Ihnen sofort diese Rolle gegeben … Als ich in Ihrem Alter war, behandelten mich alle so schlecht …

JEAN
Das stimmt nicht ganz, Mama …

ELVIRE
Was weißt denn du? Caveux hatte recht, als er mir sagte: »Uns verbindet, dass wir beide arme Kinder waren.«

Pause.
Zu Dominique:

Und Sie, Mademoiselle, sind Sie arm?

DOMINIQUE
Ich bin in einem kleinen Dorf in der Bretagne geboren …

JEAN
Aber du, Mama, warst du denn wirklich so arm?

DOMINIQUE
Verzeihen Sie … Ich muss den Lautsprecher anstellen, damit ich weiß, wann ich dran bin zur Probe.

Sie stellt den Lautsprecher an. Die Probe hat noch nicht begonnen. Man hört etwas wie Blätterrauschen im Wind.

ELVIRE

Als ich so alt war wie Sie, ging ich zum Vorsprechen ins Büro eines Theaterdirektors … Dort war das gleiche Rauschen in seinem Gerät … vor der Probe …

Jean deutet, hinter Elvires Rücken, schulterzuckend und seufzend auf seine Uhr, um Dominique klarzumachen, dass seine Mutter noch lange in der Garderobe bleiben könnte.

An jenem Abend wurde kein Stück von Tschechow geprobt, sondern ein Stück von Giraudoux … *(Verträumt.)* Giraudoux … Als ich zum ersten Mal nach Paris kam, Gare du Nord, träumte ich davon, Jean Giraudoux zu heiraten … Du wärst Giraudoux' Sohn geworden, mein Kleiner … Übrigens habe ich dich deshalb Jean genannt …

JEAN *(zweifelnd)*

Das hast du mir nie gesagt.

ELVIRE *(mit hängendem Kopf)*

Der Theaterdirektor hieß Jacques Hébertot. Ein großer Glatzkopf um die fünfzig … In dem Büro war außerdem sein Freund und Schützling, ein junger Mann, noch größer als er, mit einem Holzfällerschädel, sein Name war angeblich Robert Hébert … Hébert … Hébertot … Sie beobachteten mich alle beide … Ich hatte Lampenfieber … Ich sollte Hermiones Monolog aus *Andromache* vortragen …

Sie scheint ihr Gedächtnis anzustrengen. Dann spricht sie, unbeholfen, Wörter auslassend.

Wo bin ich? … Was soll ich tun? … Welch Feuer lässt mich nicht ruhn? … Ziellos irr' ich durch den Palast.

Sie unterbricht sich. Krümmt sich zusammen, niedergeschlagen.
Dominique geht zu ihr.

DOMINIQUE
Seien Sie nicht traurig, Madame … Ich kann das mit Ihnen einstudieren …

Sie beginnt den Monolog zu sprechen, mit kristallklarer Stimme, gesenktem Kopf.

Wo bin ich? Was hab' ich getan? Was soll ich tun? Welch Feuer rast in mir und lässt mich nicht ruhn? Blind, ziellos, wie im Traum, irr' ich durch den Palast. Ich weiß nicht, ob mein Herz ihn liebt, ob es ihn hasst.

Während sie spricht, richtet Elvire sich wieder auf und mustert sie eingehend.

ELVIRE

Das ist zu einfach … Sie haben bestimmt an der Schauspielschule studiert … Ich dagegen war arm und bin in Ihrem Alter als Statistin in *No, No, Nanette* aufgetreten, im Antwerpener Excelsior.

DOMINIQUE

Sie irren sich, Madame. Ich war nicht an der Schauspielschule. Ich habe im Théâtre des Capucines angefangen … in einer Inszenierung dieses armen Christian-Claude … Und das Stück hieß *Sorg dafür, dass ich das Nötigste bekomm …*

ELVIRE *(als habe sie nichts gehört)*

Die beiden haben sich den Monolog angehört … Hébertot und Hébert … Hébertot saß sehr gerade hinter seinem Schreibtisch … Hébert stand, ein Lächeln auf dem Holzfällergesicht …

Sie krümmt sich zusammen. Das Weiterreden scheint ihr schwerzufallen.

Aus dem Lautsprecher kam die Probe des Stücks von Giraudoux, und ich sah genau, dass Hébertot und Hébert nicht wirklich mir zuhörten, sondern Giraudoux … Am Ende schwiegen sie … und dann drehte sich Hébert langsam zu Hébertot … Und wissen Sie, was Hébertot sagte?

Sie richtet sich auf, das Kinn hochgereckt, als wolle sie ihre Tränen zurückhalten.

Er sagte: »Wir schreiben Ihnen, Mademoiselle …«
Sie haben mir nie geschrieben.

Pause. Jean und Dominique starren sie an.

Aber hätte ich Madame Jean Giraudoux geheißen, glaubt ihr, ich wäre von den beiden Herren so empfangen worden?

Pause.

JEAN
Du musst das alles vergessen …

ELVIRE
Wie soll ich das vergessen? … Ich denke immer wieder daran … Zum Beispiel, wenn ich in den Kulissen diese abscheuliche Jacqueline Castagnac treffe … und wenn ich weiß, nebenan wird Tschechow gespielt …

DOMINIQUE
Kommen Sie uns besuchen, Madame …

ELVIRE
Warum nennen Sie mich ständig »Madame«? Nein, ich werde nicht kommen. *(Pause.)* Offenbar wart ihr beide nicht sehr nett zu Caveux …

DOMINIQUE
Er hat auf mich eingeredet … Ich suchte zu verstehen, was er sagen wollte. Ich hab nicht viel verstanden. Er glaubt, ich hätte einen schlechten Einfluss auf Jean …

ELVIRE

Ach ... wie alle Schauspielerinnen ...

JEAN

Er ist sehr aufdringlich ... Er will mir meinen Roman diktieren ...

ELVIRE

So lass ihn doch, mein Junge.

Sie steht auf. Senkt den Kopf.
Es scheint, als müsse sie sich überwinden.

Ich habe euch nicht alles gesagt ... Nie habe ich das irgendwem anvertraut ... *(Pause.)* Ich erfuhr es ein paar Tage später durch einen Kollegen, der einen der beiden Engel in dem Stück von Giraudoux spielte, Tony Taffin ...

Sie atmet tief durch, um sich Mut zu machen.

Wisst ihr, was Hébertot über mich gesagt hat? Er hat gesagt ... er hat gesagt ... »Wer hat mir bloß diese Mademoiselle Beulemans geschickt?«

Sie sackt in ihrem Fauteuil zusammen. Dominique schaut verdutzt zu Jean.

DOMINIQUE *(besorgt)*
Wer ist Mademoiselle Beulemans?

JEAN
Ein junges Mädchen, ein Brüsseler Original … ein bisschen wie Bécassine bei den Bretonen …

Elvire hebt den Kopf.

ELVIRE *(zu Dominique, traurig)*
Nur weil ich einen leicht nördlichen Akzent hatte …

Sie steht auf, als wolle sie nun gehen.
Sie legt eine Hand auf Dominiques Schulter.

Schätzchen … du sollst wissen … Ganz am Anfang hätte ich nie gedacht, dass ich eines Tages in Stücken wie *Schönes Wochenende, Gonzales* spielen würde … Ein paar Monate vor dem Krieg kam ich zum ersten Mal nach Paris … Wir waren eine Truppe blutjunger Schauspieler, die Compagnie de la Rose … Wir spielten ein Stück von Michel de Ghelderode … *Rote Magie* … Wir haben das Stück in einem Maleratelier gespielt, in der Impasse Ronsin, auf einer improvisierten Bretterbühne … Ich versuche mich an die Namen meiner Kollegen zu erinnern … Mit dabei war Jacqueline Harpet … René le Jeune … Sadi de Gorter … Der Regisseur hieß Jean Michel … Ich frage mich, was aus dem wohl geworden ist …

Sie fasst Dominique am Arm und zieht sie zum Ausgang der Garderobe.

In einer Pariser Zeitung stand ein kleiner Artikel … Den habe ich immer bei mir …

Sie zieht ein Stück Papier aus der Jackentasche.

Hör zu … *(Sie liest.)* »In einem Maleratelier, Impasse Ronsin, im Zeichen der Rose. Vor fünfzig oder fünf Zuschauern beweisen zehn junge Schauspieler jeden Abend ihre Liebe zum Theater und ihr Talent.«

Sie hat die Garderobentür geöffnet. Sie überreicht Dominique den Artikel.

Ich schenk ihn dir, Schätzchen.

Sie geht.
Pause.

JEAN
Wir werden sie nie mehr sehen.

DOMINIQUE
Glaubst du? Jetzt, da sie einmal da war, könnte sie immer wieder in meiner Garderobe auftauchen …

JEAN
Ich habe Bob Le Tapia gebeten, die Verbindungstür zwischen den beiden Theatern zu schließen … aber das ist überflüssig … Von heute abend an werden wir sie nie mehr sehen, weder sie noch den anderen, den aus der Kutte gesprungenen Pfarrer … Es ist genau wie in meinem Traum … Ich kenne schon die ganze Zukunft …

Das Licht schwindet, bis Finsternis herrscht.
Dann geht ein gedämpftes Licht an.
Jean und Dominique sitzen auf einer Bank, an der Rampe. Hinter ihnen Dunkelheit.

Und von diesem Tschechow-Stück ist Ihnen nichts in Erinnerung geblieben?

DOMINIQUE

Nichts, Monsieur … Ich sagte Ihnen schon, Sie verwechseln mich mit einer anderen.

JEAN

Schauen Sie mich noch einmal an … Haben Sie nicht das Gefühl, dass Sie mich von früher kennen?

Sie dreht sich zu ihm, betrachtet ihn aufmerksam.

DOMINIQUE

Nein. Oder vielleicht sind wir uns vor langer Zeit über den Weg gelaufen, und ich habe Sie vergessen. Auf jeden Fall stimmen mein Name und mein Vorname nicht mit der Person überein, an die Sie denken.

JEAN

Ich bin sicher, wenn ich Ihnen ein paar Details erzähle, werden Sie sich wieder erinnern …

DOMINIQUE
Und wo und wann sollen wir einander begegnet sein?

JEAN
Ich fürchte, mit der Zeit hab auch ich die Details vergessen … *(Er scheint Mühe zu haben, sich eines dieser Details ins Gedächtnis zu rufen.)* Ich habe Sie mit einem Mann bekannt gemacht, von dem Sie sagten, er ähnle einem aus der Kutte gesprungenen Pfarrer …

DOMINIQUE
Nein, nein … so etwas hätte ich nie gesagt.

JEAN *(zögernd)*
Und Sie waren auch meiner Mutter begegnet, die in *Schönes Wochenende, Gonzales* spielte …

DOMINIQUE
Ihrer Mutter? Tut mir leid … Ich hätte mich gern an Ihre Mutter erinnert …

JEAN *(als lasse ihn sein Gedächtnis im Stich und das Vergangene falle ihm nur bruchstückhaft wieder ein)*
Sie wohnten in der Rue de Valence Nr. 9.

DOMINIQUE
Diesen Namen höre ich zum ersten Mal … Wo ist denn diese Straße?

JEAN
Am oberen Ende der Avenue des Gobelins …

DOMINIQUE
Das Viertel kenne ich nicht.

JEAN *(zögernd)*
Sie kamen aus der Bretagne … doch ich erinnere mich nicht mehr an den Namen des Dorfs …

DOMINIQUE
Leider bin ich keine Bretonin, Monsieur.

Pause.

JEAN *(als habe er es aufgegeben, an die Vergangenheit zu erinnern)*
Und Sie proben in dem Theater dort? *(Er deutet auf den Bühnenhintergrund.)*

DOMINIQUE
Der Vorteil ist, man muss nicht in seiner Garderobe bleiben. Man kann auf dem kleinen Platz hier vor dem Theater frische Luft schnappen … und sogar seinen Text lernen.

JEAN
Wie heißt das Stück?

DOMINIQUE
Die Unbekannte von Arras … Wo Sie schon mal hier sind, bitte ich Sie um einen Gefallen … Könnten Sie eine Szene mit mir einstudieren?

Sie reicht ihm das Textheft und zeigt auf die Seite.

Die Stelle da.

JEAN *(den Text lesend)*
Sei still! Zuerst mal, warum hast du nicht auf mich gewartet?

DIE UNBEKANNTE
Ich weiß nicht.

JEAN

Wo warst du, als ich überall nach dir suchte?

DIE UNBEKANNTE

Ich weiß nicht.

JEAN

Stell dich nicht dumm. Und antworte mir. Ich hatte vergessen, dich nach deinem Namen zu fragen. Wie heißt du?

DIE UNBEKANNTE

Sie wissen genau, dass wir es nicht wissen.

JEAN

Aber du weißt es doch …

DIE UNBEKANNTE

Ich bin das unbekannte Mädchen aus der Gegend von Arras.

Jean dreht sich zu ihr und betrachtet sie stumm. Sie tritt zu ihm. Sie nimmt ihm das Textheft aus der Hand.

DOMINIQUE *(unvermittelt)*
Jean ... Ich möchte dir nicht weh tun ... Was im Augenblick mit dir geschieht, ist ganz banal ... Das ist oft so, wenn wir von einer Person träumen, die wir in der Vergangenheit gekannt und dann verloren haben ... Du träumst, du sitzt neben ihr auf einer Bank ... und du hast das Gefühl, sie hat dir nichts mehr zu sagen und kennt dich nicht mehr ...

Das Licht wird schwächer, bis Finsternis herrscht, dann geht es wieder an. Gedämpftes Licht. Jean sitzt allein auf der Bank.

JEAN
Träume verlaufen nicht so, wie sie sagt ... Wir gehen zu zweit durch verschiedene Orte in Paris ... Wir sprechen nicht, aber ich weiß, sie hat mich erkannt ... Ich bin ganz sicher ... Wir spazieren an den Seen im Bois de Boulogne entlang, und wir nehmen sogar das Boot bis zum Chalet des Îles ... Wir sagen kein Wort, und im Traum scheint mir das ganz normal ... Erst beim Erwachen bedaure ich, dass wir geschwiegen haben ... Beim nächsten Mal muss ich ihr Fragen stellen, und sie wird mir wohl oder übel antworten ... Also versuche ich's im nächsten

Traum … Doch meistens sind wir an lauten Orten, und die ersticken unsere Stimmen … Oft am Boulevard de Clichy, im Winter, bei den Jahrmarktsbuden … oder in der Wandelhalle der Gare Saint-Lazare … Neulich in der Nacht gingen wir zum ersten Mal über die Terrasse du Bord de l'Eau in den Tuilerien … Seit meiner Kindheit war ich nicht mehr dort … Und auch hier konnten wir nicht sprechen … Fast fühlte man sich am Rand einer Autobahn, dieser ganze Verkehr auf dem Quai … Ich sah die Bewegung ihrer Lippen, hörte aber nicht, was sie mir sagte …

Das Licht wird schwächer, bis Finsternis herrscht. Der Lichtkegel einer Taschenlampe im Dunkel. Dominique hält sie in der Hand. Jean erscheint in ihrem Strahl.

DOMINIQUE

Ich glaubte, ich hätte dich verloren …

JEAN

Ich auch … Ich war stehengeblieben, weil ich ein Straßenschild lesen wollte … Ich wusste nicht mehr, wo wir waren …

DOMINIQUE

Sie haben den Strom früher abgestellt als angekündigt … Ich frage mich, ob das in ganz Paris so ist oder nur in einigen Vierteln …

JEAN

In ganz Paris.

DOMINIQUE

Gut, dass ich die Taschenlampe eingesteckt habe.

Das Licht der Taschenlampe fällt auf die Bank aus den vorangegangenen Szenen.

JEAN

Wir können auf dieser Bank warten.

Sie setzen sich, und Dominique legt ihren Kopf an Jeans Schulter.

DOMINIQUE

Stell dir vor … wir hätten einander im Dunkel verloren …

JEAN
Unmöglich.

Er schaut auf seine Uhr.

Jedenfalls haben sie gesagt, der Strom wird in einer Stunde wieder angestellt.

DOMINIQUE
Mich packte wirklich die Angst, ich hätte dich verloren … Ich spürte eine Art Panik, wie damals, vor drei Jahren, als ich nach Paris kam, Gare Montparnasse … In der Metro begriff ich nicht, wo ich von einer Linie in die andre umsteigen musste … An der Station Blanche bin ich ausgestiegen … Ich hatte einen Paris-Plan und die Adresse des Schauspielkurses von Madame Bauer-Thérond … Ich verbrachte meine erste Nacht in einem Hotel in der Rue Henri-Monnier, gleich nebenan von diesem Schauspielkurs … Die ganze Nacht hab ich kein Auge zugetan … Ich hatte das Gefühl, es sei so dunkel wie jetzt … Doch als ich die Bretagne verließ, habe ich nicht daran gedacht, eine Taschenlampe einzustecken …

JEAN

Es ist besser, man hat immer eine Taschenlampe dabei.

DOMINIQUE

Und du, was hast du vor drei Jahren gemacht?

JEAN

Dasselbe wie heute. Ich war oft in dem Viertel … rund um die Place Blanche … ganz in der Nähe dieser Madame … *(Er zögert bei dem Namen.)* Madame …

DOMINIQUE

Bauer-Thérond … *(Pause.)* Wir hätten uns also begegnen können.

Ein Lichtstrahl fällt auf Dominique, sodass Jean im Dunkel bleibt und der Eindruck entsteht, sie sitze allein auf der Bank.

Wenn jemand mir sagen könnte, durch welchen Zufall oder welches Wunder zwei Menschen sich begegnen … *(Pause, als erhoffe sie eine Antwort.)* Wir waren alle beide im selben Viertel, und es hat

Monate gebraucht, dass ich ihm begegne … sind wir uns lange vorher schon über den Weg gelaufen, ohne aufeinander zu achten? Wir werden's nie erfahren …

Finsternis. Dann schwaches Licht auf dem Bühnenvordergrund, alles übrige bleibt im Dunkel.

JEAN *(steht im Bühnenvordergrund)*
Ich frage mich, ob Sie sich daran erinnern … Es gab in jenem Winter mehrmals Stromausfälle in Paris … Sie hatte mir gesagt, die Bühne des Theaters in der Rue Blanche werde für alle Fälle mit Kerzen beleuchtet … Eines Abends erwartete ich sie wie üblich auf dem Trottoir, gegenüber vom Theater … Man brauchte keine Taschenlampe: die Straße war bedeckt von einer phosphoreszierenden Schneeschicht … Man glaubte sich im Gebirge … oder einfach nur in der Rue Blanche, der weißen Straße, die trug in jenem Winter ihren Namen zu Recht … Sie tritt aus dem Theater und klammert sich an meinen Arm … Sie sagt, der Regisseur, Savelsberg, sei in der Pause zu ihr in die Garderobe gekommen, um ihr die Rolle der Nina in *Die Möwe* anzubieten, für die nächste Spielzeit … Sie begreift nicht … Savelsberg,

der sie eigens aufsucht, sie, eine Anfängerin in der Wiederaufnahme von *Kokosnuss*, und ihr anbietet, Tschechow zu spielen? Wir gehen die Rue Blanche hinauf, die daliegt unter dieser Schneeschicht … wie in einem Traum … Ganz oben treten wir in das Café, wo wir einander begegnet sind … Wir setzen uns an denselben Tisch … es ist Samstag … Die Jahrmarktsbuden und die Karusselle sind noch geöffnet auf dem breiten Damm des Boulevard de Clichy …

Man hört aus der Ferne Jahrmarktsmusik, sie hat eingesetzt, als Jean die letzten beiden Sätze sprach, und spielt weiter, immer leiser werdend, während das Licht schwindet, bis Finsternis herrscht. Das Licht geht allmählich wieder an. Es ist hell, blendet beinahe.

Dominiques Garderobe.

Jean liegt auf dem Kanapee. Er korrigiert sein Manuskript. Über den Lautsprecher hört man die Repliken aus dem Stück von Tschechow als Hintergrundgeräusch.

Dominique betritt die Garderobe, außer Atem. Sie trägt ihr Bühnenkostüm. Sie setzt sich an den Schminktisch.

Wie läuft die Generalprobe?

DOMINIQUE

Ich weiß nicht ... ich trau mich nicht zu antworten ... ich bin abergläubisch ...

JEAN

Nach allem, was ich im Lautsprecher gehört habe, klappt es doch bestens ...

DOMINIQUE *(ängstlich)*

Ich weiß nicht ... Kann man am Montag der Generalprobe wirklich etwas wissen?

JEAN

Und Savelsberg? Was meint er?

DOMINIQUE

Er steht kerzengerade hinter der Bühne. Er macht sich Notizen in sein Büchlein. *(Wie zu sich selbst:)* Ich habe Angst ... Ich hatte immer Angst vor dem Ende dieses vierten Akts ...

JEAN

Sorg dich nicht unnötig ... Savelsberg vertraut dir ...

DOMINIQUE

Warum sagt er dann nichts zu mir heute abend? Als ich an ihm vorüberging, nach der Szene im zweiten Akt ... der Szene mit dir ... nein, ich meine, nach der Szene mit Trepljow ... hat er mich mit keinem Wort ermutigt.

JEAN

Er überwacht den Ablauf des Stückes ... Er will einen Gesamtüberblick haben ... Wäre dir der kleinste Fehler unterlaufen, dann hätte er's dir gesagt ...

DOMINIQUE

Glaubst du wirklich?

JEAN

Sicher glaube ich das ... Ich habe eine gewisse Erfahrung ... Ich bin in einer Theatergarderobe geboren ... ich habe da mit Murmeln gespielt ... ich habe da meine ersten Schulaufgaben gemacht ... Und seit ein paar Tagen wohne ich da mit dir ... Du hast nichts zu befürchten ... ich habe dir zugehört ... besser kannst du die Rolle der Nina nicht spielen ... *(Pause.)* Ich will mir das Datum merken, heute ... Montagabend, 19. September 1966 ... das

Datum einer Generalprobe, und ich habe das Gefühl, es steht auch für unsere Anfänge im Leben …

Dominique geht zum Lautsprecher und dreht ihn lauter.

DOMINIQUE
Ich darf meinen Auftritt nicht verpassen …

Beide hören sich stumm die Repliken an.

ARKADINA
Aber jetzt kommt essen … Unser großer Mann hat heute noch nicht gespeist. Nach dem Souper wird weitergespielt … Kostja, lass dein Manuskript. Komm essen.

TREPLJOW
Nein, Mama, ich habe keinen Hunger.

ARKADINA
Wie du willst … Petruscha, zum Souper! Ich muss Ihnen erzählen, wie sie mich in Charkow gefeiert haben …

DOMINIQUE

Es ist so weit, Jean, der Augenblick ist da … ich muss gehen … Küss mich …

Sie küssen sich.
Sie öffnet die Garderobentür und dreht sich zu Jean.

Savelsberg hat dich für heute abend zum Essen eingeladen, zusammen mit den anderen … Du weißt ja, das Restaurant zwischen Palais Royal und den Hallen … L'Épi d'or, in der Rue Jean-Jacques Rousseau …

Als sie die Tür schließt, schwindet allmählich das Licht, bis Finsternis herrscht.
Im Dunkel hört man die letzten Repliken.
Ein Schuss.

ARKADINA

Was war das?

DORN

Nichts. Sicher ist in meinem Arzneikoffer etwas geplatzt. Machen Sie sich keine Sorgen … Wie ich vermutet habe. Die Ätherflasche ist zersprungen …

ARKADINA

Pfui, bin ich erschrocken. Das hat geklungen wie … mir ist ganz schwarz geworden vor Augen.

DORN

Vor zwei Monaten stand hier ein Aufsatz drin … ein Brief aus Amerika, und ich wollte Sie fragen, unter anderem … weil mich die Frage sehr interessiert … bringen Sie Irina Nikolajewna von hier weg … Die Sache ist: Konstantin Gawrilowitsch hat sich erschossen …

Immer noch Finsternis. Für einen Augenblick herrscht Stille. Applaus. Man hört im Saal skandieren: »Sa-vels-berg … Sa-vels-berg«, dann: »Pi-to-ëff … Pi-to-ëff … Georges Pi-to-ëff … Georges Pi-to-ëff …« Der Applaus verebbt allmählich. Stille … Der Lichtkegel einer Stablampe im Dunkel fällt auf Jean, der im Bühnenvordergrund steht. Die Stablampe hält ein alter Mann, er geht zu Jean und bleibt neben ihm stehen.

BOB LE TAPIA

Ich habe Sie im Finstern reden gehört, am Anfang des Stücks … offenbar hatten Sie Zweifel, was meinen Namen angeht … Ich verstehe das … wir haben uns so lange nicht gesehen … Ich bin wirklich Robert Le Tapia … Sie wissen … der Bühnenmeister …

JEAN

Bob?

BOB LE TAPIA

Ja, Bob. *(Pause.)* Sie haben sich nicht verändert …

JEAN

Doch, doch, Bob, ich habe mich verändert. Nur sehen Sie mich so, wie ich in Ihrer Erinnerung bin. Wir waren ungefähr gleich alt … Sie erinnern sich an das Stück von Tschechow, das Savelsberg inszeniert hat?

BOB LE TAPIA

Natürlich. Ihre Freundin spielte die Rolle der Nina … Sie haben sich vorhin gefragt, ob ihre Garderobentür die erste oder die zweite war, rechts auf dem Flur … Es war die erste.

JEAN

Was für ein Gedächtnis …

BOB LE TAPIA

Sie möchten die Garderobe wiedersehen, vermute ich?

Jean bleibt stumm.

Doch, doch … ich zeig sie Ihnen.

Das Licht geht allmählich wieder an, ein Licht, viel weniger klar als zuvor, ein gedämpftes Licht wie in einem Traum. Die Garderobe ist leer, ohne das Kanapee, die Sessel, den Schminktisch, und scheint seit langem verlassen. Nur der Spiegel ist noch da.

Es sind Umbauarbeiten geplant … Das hier wird in Zukunft keine Garderobe mehr sein.

Jean wirft einen Blick um sich.

JEAN

Ich dachte, in Theatern verändert sich nichts und die Zeit bleibt stehen.

BOB LE TAPIA

Ich lasse Sie allein … Wenn Sie mich brauchen, rufen Sie …

Er verlässt die einstige Garderobe.
Jean geht langsam vor bis an die Rampe. Pause.

JEAN

An jenem Abend verließen wir beide zusammen das Theater … Sie hatte sich nicht einmal abgeschminkt … Wir gingen zu Savelsberg und den anderen ins Restaurant L'Épi d'or. Zu Fuß folgten wir den großen Boulevards … Nie zuvor war mir Paris so schön erschienen und so freundlich … Fast keine Autos … wir hätten mitten auf der Avenue de l'Opéra losrennen können … Die Straßenlaternen schimmerten in einem seltsam sanften, beinah weißen Licht … Wir wussten nicht mehr, in welcher Jahreszeit wir waren … Nachsommer? Frühling des Herbstes? Im Épi d'or saß ich links von Savelsberg und sie rechts von ihm … Er hat gefragt, warum ich diese Mappe mit einer Handschelle am Gelenk trage … Sie erklärte ihm, das sei mein Manuskript und ich hätte Angst, es zu verlieren oder irgendein übelgesinnter Kerl könnte es zerreißen … Er sagte, ich sei ein Dummkopf und von heute nacht an hätte ich nichts mehr zu befürchten … nichts … Sie selbst hat die Handschelle abgemacht …

Er geht zurück in die einstige Garderobe und setzt sich in der Mitte auf den Boden; und als wäre Dominique bei ihm:

Würdest du mich nach all der Zeit wiedererkennen? Man gaukelt sich oft vor, man bleibe der gleiche … Wenn du wüsstest, wie sehr Paris sich verändert hat … Ich habe das Gefühl, ich bin hier nicht mehr am richtigen Platz, aber ich trau mich nicht, das irgendwem zu sagen … nur dir … Tag für Tag ist es ein Kampf gegen die Einsamkeit … und doch, in manchen Vierteln findet man plötzlich wieder den, der man gewesen ist … Zum Beispiel sehr spät in der Nacht, ganz in der Nähe des Theaters … an der Ecke Rue des Mathurins … Neulich, in der Nacht, bin ich da vorbeigekommen … Es wehte ein leichter Wind … Ich zögerte, die Straße weiterzugehen bis zum Theater … ich hörte dein Lachen hinter mir.

Notiz

Den Zitaten aus Anton Tschechows *Möwe* liegt die von Patrick Modiano benutzte französische Fassung von Elsa Triolet zugrunde. Verglichen wurden die deutschen Übersetzungen von Ilma Rakusa, Peter Urban und August Scholz.

Der Anfang von Hermiones Monolog (V,1) aus Racines *Andromache* folgt der Übertragung von Arthur Luther.

Die Passage aus *L'Inconnue d'Arras* (*Die Unbekannte von Arras*) von Armand Salacrou wurde für die vorliegende Ausgabe übersetzt.

E. E.